적성積城에 가고 지고

적성積城에 가고 지고

초판 발행 2023년 1월 20일
초판 인쇄 2023년 1월 20일

글·그림 김응정
E-mail sgim5300@hanmail.net

편집 김다인   **마케팅** 박가영   **총괄** 신선미
펴낸곳 (주)하움출판사   **펴낸이** 문현광

이메일 haum1000@naver.com   **홈페이지** haum.kr
블로그 blog.naver.com/haum1000   **인스타그램** @haum1007

ISBN 979-11-6440-288-5(03380)

좋은 책을 만들겠습니다.
하움출판사는 독자 여러분의 의견에 항상 귀 기울이고 있습니다.
파본은 구입처에서 교환해 드립니다.

적성에 積城
가고지고

김응정 글·그림

빛내야 할 우리 강산

　필자는 파주시에 소재한 삼광중·고등학교에 몸 담고 있는 동안 독서 및 창작 동아리 <삼광글샘>의 학생들을 지도해오면서, 삼광글샘 학생들하고 적성면과 감악산 일대를 지난 10여 년간 탐방하고 답사하는 가운데 적성면의 아름다운 자연과 순수한 주민들에 반하게 되었습니다.

　처음에는 적성면의 문화유산에 관심을 가져서 답사하였고, 차츰 지역의 어르신들을 찾아다니며 사라져가는 옛이야기를 채록해서 기록에 남겨두기로 하였습니다. 해를 거듭하며 적성면의 명승지를 탐방하고 발굴하면서 신기한 자연물들을 발견하게 되었고, 그것을 소재로 우리 고장의 재미있는 이야기로 엮어내고 싶었습니다. 나아가, 자라나는 청소년들이 우리 고장에 대해 더욱 많은 관심과 애정을 가지고 접근하기를 바라서 글을 쓰게 되었지요.

　그중 일부분은 구전되어 오던 짧은 이야기를 근원설화 삼아 재미있는 이야기로 엮어냈고, 또 일부분은 필자가 발견한 경이로운 자연물에 상상력을 더하여 새로운 이야기를 만들어냈습니다.

모두 11편인 이야기 속에 걸맞은 그림을 그려 넣었고, 이야기의 말미에는 이야기의 배경과 증거 사진을 실어서 독자들이 실감나게 읽을 수 있도록 구성하였습니다. 그림은 많은 부분을 펜화로 그려 어쭙잖은 필자의 한국화 실력보다는 쉽게 읽히는 그림이 되도록 노력하였습니다. 기법은 사인펜으로 선묘를 하고 수채화물감을 사용하여 가급적 붓 터치의 흔적을 남기지 않고 간결하게 표현했으며, 선묘와 채색을 동일한 계열로 하였고 이야기의 후반부로 진행될수록 채도를 높이는 형식을 취했습니다.

이 책이 나오기까지 협력과 응원을 아끼지 않은 많은 분과 삼광중·고등학교 학생들, 학부형님들께도 감사를 드립니다.

2023년 1월
김응정

차
례

감악산 갓바위¹

감악산 갓바위[1]

감악산 갓바위

옛날 옛날 어느 한 옛날에, 감악산의 한 자락인 양주라는 곳에 한 마을이 있었어. 그 마을에 한 젊은 농부와 아내가 살고 있었는데, 그 부부는 열심히 농사를 짓고 부모님도 잘 모시는 착한 사람들이었다지.

젊은 부부는 무척 부지런히 농사를 지었기 때문에 살림살이는 넉넉했지만 한 가지 걱정거리가 있었는데, 그 걱정거리란 게 뭐냐 하면 바로 자식이 없다는 것이었어. 이 부부는 동네의 자식 많은 집들을 늘 부러워했다는구나.

그 농부가 하루는 꿈을 꾸었는데, 어떤 비석이 나타나서 이런 말을 하는 것이야.

"나는 감악산 꼭대기에 있는 빗돌인데, 의관이 없어서 나들이를 못 하니 내게 의관을 좀 마련해 주시구려."

잠이 깬 농부는 그 꿈을 대수롭지 않게 생각하고 금세 잊어버렸어. 그러고는 서둘러서 아침을 먹고 땔감을 구하러 감악산에 올라갔는데 땔감을 줍다 보니 어느새 산꼭대기 가까이에 이르게 됐지. 농부는 그쯤에서 지게를 내려놓고 쉬면서 물을 마시다가 문득 어젯밤 꿈이 생각나서, 이왕 온 김에 꼭대기에 뭐가 있을까 하고 올라가 보기로 했다지.

감악산은 본디 바위가 많은 산인 탓에 꼭대기까지는 가팔라서 조금 힘겨웠지만 이내 정상까지 올라가니, 사방에 옹기종기 모인 집들이 발아래로 보였고 마을을 감싼 임진강의 굽이진 곳도 보였어. 이윽고 장군봉과 까치봉을 등지고 정상을 바라다보니 정말로 비석 하나가 서 있는 게 눈에 들어왔어.

얼른 다가가 그 빗돌을 찬찬히 뜯어보니까 아 글쎄 어젯밤 꿈에 나타난 그 비석과 똑같이 생겼지 뭐야. 얼마나 오래된 비석인지 새겨진 글자가 닳은 흔적이랑 삐딱하게 서 있는 모양까지 정말로 꿈에 보았던 그 모습 그대로인지라 농부는 몹시 놀라고 말았어.

이는 필시 평범한 비석이 아닐 거라고 생각한 농부는 빗돌의 부탁을 들어주기로 했단다.

"가만있자, 돌이 무슨 의관을 차려입는단 말인고…? 아하, 의관(衣冠)이란 게 나들이옷과 갓이니까 갓을 씌워 주어야겠구만."

그리하여 농부는 돌로 된 모자를 빗돌 위에 얹어주었어.
그러고 나서 일 년쯤 지났을까. 농부네가 비석 덕분에 아들을 얻었다는 소식이 여러 고을에 퍼졌다는구나.

그 농부네가 빗돌에 갓을 씌워줬다네, 그래서 아들을 얻었다네 하는 소식은 마을마다 빠르게 번져 나갔지.

그러자, 부모님의 병환을 낫게 해달라고 기도하는 사람, 돈을 많이 벌게 해달라고 비는 사람, 올해는 제발 장가 좀 가게 해달라는 사람….

이때부터 그 빗돌에 소원을 빌고 기도하는 사람들이 생겨나기 시작했는데, 아들을 얻은 농부네 아랫마을에 살던 한 부자도 그중 하나였어. 남부러울 것 없이 잘 사는 부자가 무엇이 부족해서 소원을 빌었는고 하니, 사람들이 자기 집에 찾아오는 게 싫었기 때문이란다.

가난에 찌든 사람들이 돈이며 곡식을 빌려달라고 하소연하고 애걸하는 걸, 야멸치게 쏘아주고 빈손으로 내쫓던 사람이었던 것이지. 부자는 빗돌을 찾아다니며 수없이 빌었어. 어서 꿈에 나타나 주기를, 빨리 자기의 소원을 들어 주기를. 하지만 부자의 바람대로 빗돌은 꿈에 나타나 주지를 않았단다.

그러던 어느 날, 부자가 대문을 나서는데, 하얗게 센 기다란 수염에 눈빛이 날카로우며 풍채가 훤칠한 웬 스님이 저편에서 늠름하게 걸어가는 것이 보였지.

왠지 저 스님에게 얘기를 하면 도움받을 수 있겠다 싶은 생각이 든 부자는 스님을 자기 집으로 불러들였어.

"스님, 저는 이 집 주인인데, 긴히 여쭐 말씀이 있습니다요…."

"소승이 갈 길이 바쁘오만, 무슨 얘긴지 어디 들어나 봅시다."

부자는 스님과 차를 마시며 주절주절 이야기를 이어갔어. 목에다 핏대를 세우고 손짓을 해가면서 말이지.

"감악산 꼭대기에 거, 뭣이냐, 신통력 있다는 빗돌 얘기 아시죠?"

"흠, 소문은 들었소이다만…."

"아, 글쎄, 그놈의 빗돌이 영 글러먹었단 말씀이어요. 남들이 저한테 하두 손을 벌려싸서 그것 좀 막을라고 하는데 암만해두 제 소원은 들어주질 않지 뭡니까."

부자의 말을 들은 스님은 곰곰이 생각하는 듯싶더니 이렇게 일러주었단다.

"허어, 그것 참…. 방도가 한 가지 있기는 있소이다만…. "

"아, 그렇죠, 그렇죠? 내 그럴 줄 알았다니까…. "

"그 빗돌을 부숴버리면 임자의 소원은 금세 이루어질 것이외다."

그렇게 손쉬운 방법이 있었다니…, 그것도 도깨비방망이로 두드린 듯 뚝딱 소원이 이루어진다니 부자는 춤이라도 추고 싶었어.
속으로는 이렇게 생각했지.

'지금 당장 가서 그놈의 빗돌을 해치우고 싶은 맘은 굴뚝같지만, 딴 사람들한테 들키면 큰일이니까 나중에 가야 쓰것다.'

다음 날, 마을사람들이 아직 자고 있을 꼭두새벽을 틈타 부자는 몰래몰래 산으로 향했어. 때마침 신새벽의 감악산에는 자욱한 안개비가 흩뿌리고 있던 터라, 커다란 쇠망치를 메고 가는 부자의 모습이 감춰지기엔 안성맞춤이었지.
백련사길을 거쳐 하늘아래첫동네까지는 한달음에 도착했고, 그 위로는 제법 가파른 길이었지만 씨억씨억 오른 끝에 드디어 비석 앞에 다다랐어. 사람들이 치성을 드리느라 놓아둔 빗돌 앞의 촛대와 정한수 대접이 보이자, 부자는 그만 화가 치밀어 올라 냅다 발길질을 해대며 뇌까렸어.

"쳇, 이까짓 게 다 뭐람!"

그러고는 준비해간 쇠망치로 있는 힘껏 비석을 내리치면서 그동안 가슴 속에 묻어 두었던 원망의 말을 이렇게 지껄였지.

"이 쓸 데 없는 빗돌이 뭐라구 사람들이 그렇게 굽신거린대?

어-, 이거 참 미안하게 됐수다. 그러게 딴 놈들 소원만 들어주지 말고 내 소원도 좀 들어주지 그랬수?"

그러면서 망치를 다시 휘두르려는 순간, 비석의 망치를 맞은 자리에서 갑자기 피가 터져 나오는 게 아니겠어!

그것을 보고 정신이 나간 부자는 후닥닥 망치를 내던져 버리고 걸음아 날 살려라 줄행랑을 쳤지.

이제, 안개비는 제법 굵은 빗발이 되어 추적추적 내리기 시작했어.

간이 콩알만 해진 부자가 며칠 동안 동네 소문에 귀를 기울여 보았지만 빗돌과 관련된 별다른 얘기는 없었어. 자신을 본 사람이 아무도 없는 게 분명하다고 안심한 부자는 다음 번에 간다면 반드시 그놈의 빗돌을 부수고야 말리라 다짐하면서 때를 노리고 있었지.

그럭저럭 달포가 지나가면서 부자네 집으로 손을 벌리러 오는 사람들이 뜸해지기 시작했어. 부자는 긴가민가하면서도 구걸하러 오는 사람들이 차차 줄어들자 마냥 기쁘기만 했단다.

'그럼 그렇지. 부숴놓지는 못했어도 워낙에 신통한 빗돌이니까 상처 입은 걸로 효험이 나타난 거 아닐까?

아니, 아니지. 어쩌면 그 중이 신통한 건지도 몰라.

아무렴 어떠냐, 내 집에 찾아오는 놈들이 없으니 살맛 난다, 으흐흐.'

그 이후로 부자에게 손 벌리러 오는 이들은 거의 없었는데, 이상한 것은 놀러 오는 이웃이나 손님조차 줄어들더니 어느 때인가부터는 사람들의 발걸음이 아예 뚝 끊겨버린 것이야. 그뿐만이 아니라, 부자네는 안 좋은 일이 계속 터지면서 재산이 줄줄 새더니 마침내 쫄딱 망해서는 알거지 신세가 됐다지 뭐야.

빗돌은 그때 쇠망치로 맞은 자리가 부스러진 채로 여전히 그 자리에 서 있어.

감악산 정상에 있는 '감악산 고비(古碑)'는 새겨진 글자가 닳아서 안 보인다고 '몰자비(沒字碑)', 모자를 얹었다 해서 '갓바위' 또는 '빗돌대왕비'나, 삐딱하게 서 있다고 해서 '삐뚤대왕비'로 불리기도 하는데, 지금도 그 빗돌에 소원을 비는 사람들이나 제사를 지내는 무속인들이 있단다.

감악산 정상에 서 있는 갓바위. 3미터 정도의 비석으로서 마치 갓을 쓰고 틀어지게 서 있는 모습을 빗대어 "비틀대왕", 또는 "빗돌대왕"이라 부르기도 한다.

적성에 가고지고
積城

기어다니는 나무 ²

기어다니는 나무

옛날 하고도 까마득한 옛날, 짐승이랑 풀, 나무 다 같이 사람하고 말이 통하던 시절의 이야기야.

파주시에 있는 감악산(紺岳山)은 검은빛을 띤 짙은 푸른색 바위가 많아서 붙은 이름인데, 커다란 바위와 계곡이 골짜기마다 들어서 있고 계절 따라 꽃과 나무와 눈비가 어우러진 아름다운 산이지.

감악산의 백운계곡은 신비로운 안개가 감싸주는 곳이라 산신령님도 살았던 때 생겨난 이야기란다.

이런 감악산의 한 연못에 이무기가 살고 있었단다.

이 이무기는 몇천 년 동안 살아오면서 산으로 들로 나다닐 땐 기다란 몸통을 끌며 다녔지. 늘상 온몸으로 기어 다니던 이무기는 언제부턴가 용이 되고 싶은 소망을 갖게 됐어.

왜냐고?
날아다니고 싶어서지.

본래 용이라는 건 신비하고 신령한 존재라서 하느님의 심부름을 하거나, 비와 구름을 관리한다고 사람들은 믿었단다. 사람들 꿈에 용이 나타나면 좋은 일이 일어날 징조라고 생각해서 기뻐했고.

감악산의 이무기는 그런 일을 하고 싶어서가 아니라 그저 기어 다니는 게 지겨워서 이제는 좀 날아다니고 싶었던 거야. 뱀의 몸으로 훨훨 날아 다닐 수 있는 방법은 용으로 변신하는 것밖에 없다는 풍문을 들었거든.

하지만 이무기는 말로만 들어본 용이 어떻게 생겼는지도 모를뿐더러, 어떻게 해야 용이 될 수 있는지 암만 생각해도 알 턱이 있어야 말이지.

혹시 친구들은 알고 있을지 모른다고 생각한 이무기는 그들에게 물어보기로 했어.

이무기는 제일 먼저 영지버섯에게 물었지.
"어찌하면 용이 될 수 있겠나?"

영지버섯은 사슴에게 물어보라 했어.

이무기는 사슴에게 물었지.
"어찌하면 용이 될 수 있겠나?"
"나는 고작 50년도 못 사는데 그런 이치를 어찌 알겠나? 거북한테 물어보게."

이무기는 거북에게 물었지.

"어찌하면 용이 될 수 있겠나?"

"평생을 땅만 보고 살아서 그런 건 생각해 본 적도 없는데? 두루미한테 물어보게."

이무기는 두루미에게 물었지.

"어찌하면 용이 될 수 있겠나?"

"나는 이미 하늘에서 노닐고 있어서 용 같은 것엔 관심을 두지 않는다네, 소나무한테 물어보게."

이무기는 소나무에게 물었지.

"어찌하면 용이 될 수 있겠나?"

"아이고, 천 년을 넘게 살았더니 기억이 가물가물하다네. 큰 바위한테 물어보게."

이무기는 큰 바위를 보고 물었지.

"어찌하면 용이 될 수 있겠나?"

"작은 바위들을 건사해서 물길을 만드느라 여념이 없네, 물한테 물어보게."

이무기는 바위 사이를 흐르는 계곡물에게 물었지.

"어찌하면 용이 될 수 있겠나?"

"가물면 마르지 않게, 장마 들면 넘치지 않게, 산과 들과 마을까지 물을 골고루 나눠주느라 분주하다네, 구름한테 물어보게."

이무기는 구름을 올려다보며 물었지.

"어찌하면 용이 될 수 있겠나?"

"철따라 비를 만들고 진눈깨비를 만들고 눈을 만들고 안개를 만드느라 그런 건 신경 쓸 겨를이 없네, 해한테 물어보게."

이무기는 해를 향해 물었지.

"어찌하면 용이 될 수 있겠나?"

"자네가 사는 곳이 산이니 산한테 물어보게."

이무기는 감악산에게 물었지.

"어찌하면 용이 될 수 있겠나?"

산은 대답했어.

"그거야 당연히 산신령님께 물어야지. 이 산에 사는 모든 것을 다스리시는 분이지 않은가?"

그리하여 이무기는 감악산의 산신령에게 공손히 여쭈었고, 산신령은 이무기에게 천 년을 수도(修道)하면 용이 되어 승천할 수 있다고 선선히 대답해 주었어.

천 년만 수도하면 용이 되어 하늘을 마음껏 날아다닐 수 있다니!
방법을 알아낸 이무기는 꿈만 같았지.

그 수도라는 것은 다름 아닌 살생을 하지 않고 이슬만 먹고 지내야 하는 것이
었는데, 몇천 년 내공을 쌓은 이무기에게는 누워서 떡 먹기였단다.
이무기는 두 발 달린 짐승이나 네발 달린 짐승은 물론이고 곤충이나 지렁이
같은 것들을 거들떠보지도 않았다지. 오로지 이슬만 먹고서 용이 될 그날만을
고대하는 이무기는 하루하루 날짜를 세어갔어.

드디어 구백구십구 년을 다 보내고 천 년을 맞이하는 날 새벽이 되었지. 이제 그날만 지나가면 그토록 애타게 기다리던 꿈이 이루어지는 거야.

한껏 들뜬 이무기는 이렇게 외쳤어.

"자, 이제 하루만 더 채우면 되는구나. 오늘이 마지막 날이라고!"

이윽고 해가 뜨려는지 감악산 아랫자락으로부터 희읍스름한 빛이 힘겹게 푸르른 새벽어둠을 들어 올리기 시작했어.

그러나 어찌된 일인지 이날따라 해님은 느림보 거북이처럼 엉금엉금 기어 올라오지 뭐야.

게으름을 피우는 해님 탓에 이무기는 조바심이 났어.

지나간 999년 하고도 364일보다 그날 하루가 더 더디게 가는 것만 같았지.

"에구구, 해님도 참. 오늘따라 왜 이리 늦게 행차하시나.

해님이 얼른 자러 가야 오늘이 끝나는 거라구."

해님은 빙긋 웃으며 대답했어.
"허허, 내 걸음은 항상 일정하다네. 조금만 더 기다리시게."

이윽고 해가 서서히 서산을 향해 기울어가는 순간에 맞추어 이무기의 몸에 변화가 생기기 시작했단다.

먼저 얼굴이 들짐승처럼 이목구비가 뚜렷해지는 게 아니겠니?

갈라진 혓바닥도 들짐승의 혀처럼 변했고, 입 주변에는 털과 기다란 수염까지 멋들어지게 달렸단다. 그런 다음 머리 위로 억센 뿔과 털이 삐죽삐죽 돋아나더니 털이 머리와 얼굴을 다 덮었어.

그다음으로는 목덜미로부터 등에 이르기까지 갈기가 다북다북 돋아나는 거야. 이이서 몸에는 억세고 날카로운 비늘이 갑옷처럼 단단하게 온몸을 감싸기 시작했지.

이무기가 놀라서 입을 쩍 벌리는 사이 가슴에서 다리가 생기더니 이내 그 끝에는 신기하게도 날카로운 발톱이 달린 발가락이 네 개씩 생겨났지 뭐야.

땅에서 똬리를 틀고 있던 이무기는 흥분해서 상체를 곧추세웠어.

그러자 몸이 위로 붕붕 뜨면서 곧 날아오를 것처럼 가볍고 자유롭게 느껴졌단다.

세상에! 걷거나 날아 다니고 심지어 뭔가를 움켜쥐는 것까지도 할 수 있게 된 거야!

이무기는 앞발가락으로 얼굴을 더듬어보다가, 또 앞다리를 신바람나게 휘저어보다가, 가슴이 벅차올라 소리지르며 어쩔 줄을 몰라 했지.

"으핫핫핫하, 내가 용이 되는구나, 용이! 드디어 날 수 있게 됐다고! 아이고, 신령님, 감사합니다, 감사합니다!"

뒤이어 뒷다리가 나오려는지 아래쪽이 근질근질하던 바로 그때,
이무기의 근처에 서 있는 한 소년이 눈에 들어왔어.

그 소년은 아픈 아버지를 위해 묵은 도라지를 캐러 나온 것이었다네.

때마침 길섶에 무성하게 돋아난 도라지 잎을 발견한 소년이 손을 뻗어 도라지를 잡으려는데, 이무기는 저도 모르게 꿀꺽 군침을 삼켜버리고 말았단다.

바로 그 순간은 똬리를 틀고 있었던 이무기의 허리 아래 편으로 뒷다리가 생기려던 찰나였지.

이제 꿈에 그리던 용이 되어 하늘로 올라가게 될 텐데, 어찌된 일인지 이무기의 몸이 뻣뻣하게 굳어가기 시작했다지.

아뿔싸, 이 일을 어쩔꼬!

살생은 실제뿐 아니라 마음으로도 해서는 안 되는데 이무기는 큰일 났다는 걸 비로소 알아챈 거야. 그제서야 산신령님과 했던 약속이 퍼뜩 떠오른 이무기는 산신령님의 노여움을 타서 죽는 벌을 받게 되리란 것을 깨달았다는구나.

이무기의 몸에서 숨이 빠져나가려는 찰나, 이무기는 억울한 마음도 들고 너무나 기막혀서 가녀린 숨을 그러모아 꺼이꺼이 흐느껴 울었대.

"아이고, 신령님, 신령님, 저는 절대로, 절대로 소년을 해칠 마음이 없었어요.
그저 얼떨결에 옛날 버릇으로 군침을 흘린 것이니 제발이지 용서하시고 이놈을 살려 주세요, 예? 제발⋯."

이토록 절절히 애원하고 비는 이무기의 눈물을 본 산신령은 이무기를 가엾게 여겼더란다.

"네가 천 년을 수도하여 용이 될 기회를 얻었는데, 내가 금지한 것을 참지 못하고 습관대로 행동했으니 벌을 받아야 마땅하느니라.
그러나, 진심으로 뉘우치는 너를 보니 내 마음도 안타깝기 그지없구나. 너의

0
3
5

2 기어다니는 나무

진실한 마음을 알았으므로 내 너를 죽이지는 않겠지만, 용 대신 나무로라도 살아가게 하겠노라."

　백운계곡의 중간에는 2016년 둘레길로 이름을 지은 '천둥바윗길'에 다 쓰러져가는 소나무 한 그루가 있는데, 힘겹게 일어서서 하늘을 우러러 가지를 뻗은 모습이 보여. 용이 되려던 그 이무기가 변한 것이지. 그 나무 이름이 바로 '기어다니는 나무'란다.

　밑동에 비틀린 몸의 움직임이 그대로 드러난 채 용이 되려다가 만 흔적이 아직도 비늘로 남아 있는데 지금 한번 가보련?

　그 소년은 어떻게 되었냐구?

　늙어서 죽은 뒤 도라지가 됐는데, 이무기를 위로하기 위해서 기어다니는 나무 옆에서 해마다 도라지꽃으로 피어나고 있다지.

기어다니는 나무의 허리 부분

기어다니는 나무의 밑동 부분

기어다니는 나무

적성에 가고지고

積城

망둥이바위 ³

망둥이바위

옛날 옛날 먼 옛날, 서해안 어느 바닷가 개펄에 한 망둥이가 살고 있었단다.

이 망둥이는 재주가 많아서 툭 불거진 퉁방울 같은 눈을 이리저리 뒤룩거릴 수도 있고, 볼을 잔뜩 부풀릴 때면 풍선처럼 보이게 할 수도 있지. 그뿐인 줄 알아? 앞 지느러미를 다리처럼 곧추세워서 자유롭게 뻘밭을 누비고 다니는 것도 무척 잘했더란다.

망둥이의 하루하루는 재미있는 일투성이였는데, 갯지렁이랑은 갯벌에서 구덩이 파기 놀이를 하고, 농게랑은 빨리 걷기 내기도 했어. 그리고 바지락하고는 갯벌 물을 입에 머금었다가 얼마나 멀리 뱉나 내기도 하면서 즐거운 나날을 보내곤 했었대.

이 망둥이가 친구들과 노는 것도 시시해지고, 평생 갯벌을 떠나지 않고 살아야 한다는 것이 왠지 지루하게 느껴지기 시작할 무렵이었어. 망둥이는 그날도 평소처럼 뻘밭에 나온 사람들이 나들이했다는 이야기를 흘려들으며 졸고 있었지.

그런데 어떤 말이 망둥이의 귀에 확 들어와 박혔어. 그것은 바로 감악산이라는 곳에 대한 놀라운 소식이었다는구나.

'이야, 별난 일도 다 있구만. 세상이 다 이렇게만 생긴 게 아닌가 봐.'

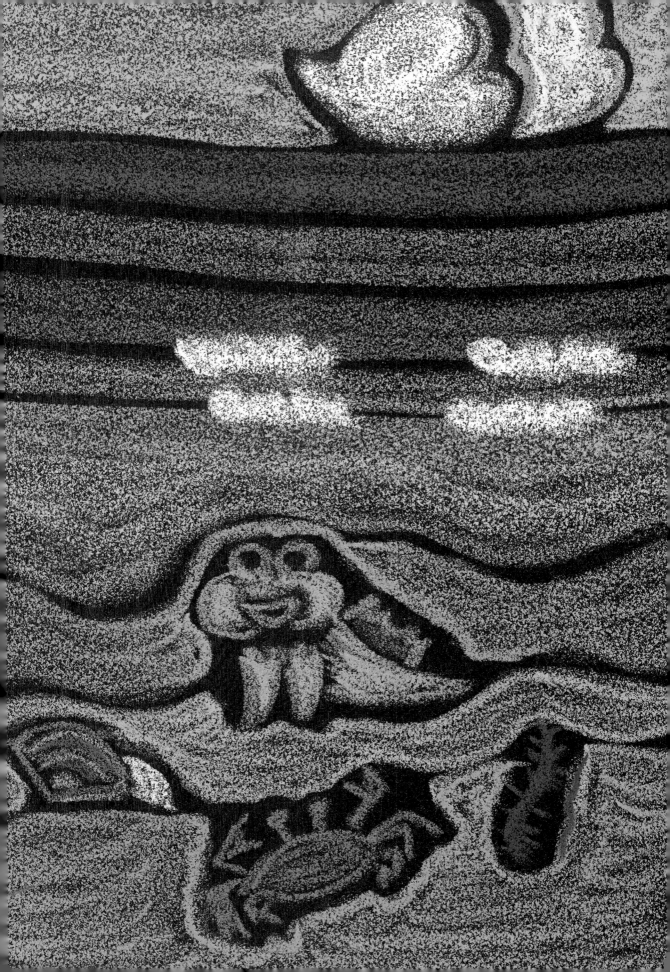

그때까지 망둥이가 아는 세상은 자신이 살고 있는 이 바다와 갯벌과 하늘이 전부였기 때문에 감악산이란 도저히 상상이 안 되는 곳이었어. 그래서 망둥이는 친구들에게 물어보기로 했단다.

"물이 하늘이 아니라 바위에서 떨어진다고 하더라고."
"폭포란 게 뭔 말인지 너희들은 아나?"
"하늘을 가리는 바위가 참말로 있는지 몰라?"
"단풍이란 게 꽃보다 곱다던데 들어본 적 있나?"

갯강구에게, 따개비에게, 조개에게, 갯지렁이에게, 그리고 친구란 친구는 모조리 찾아다니며 물어 보았지만 친구들은 그저 눈만 멀뚱멀뚱할 뿐 어안이 벙벙한 표정이었다지.

아무도 알지 못한다는 말에 망둥이는 감악산이라는 데가 더욱 궁금해졌고, 바닷가에서 사는 나날이 점점 싫증 나기 시작했대.

그리하여 망둥이는 감악산을 찾아가 보기로 결심하고 길을 떠났단다.

몇 날 며칠을 물어물어 임진강을 거쳐 감악산에 도착한 망둥이는 드디어 아주 작은 암자를 지나게 되었어. 암자 앞으로 난 오르막길 입구에는 사람 모양으로 깎아 세운 나무가 두 개 서 있었는데, 하나는 혓바닥을 길게 늘어뜨린 데다 눈이 사팔뜨기였고 다른 하나는 곱슬곱슬한 수염이 난 것이 여간 우스꽝스러운 게 아니겠니?

'아하, 이것이 사람들이 말하던 장승이란 거로군.'

장승이 있는 곳에서 더 위로 오르니 오른편으로는 자잘한 돌을 쌓아 만든 돌탑이 셀 수 없이 서 있고, 왼편으로는 조그맣게 흐르는 계곡 가운데 아름다운 웅덩이가 있었어. 그 웅덩이에는 이름을 알 수 없는 색색의 꽃잎과 나뭇잎들이 점점이 흩어져 있었고, 웅덩이 주변에는 갖가지 풀과 나무들이 자라고 있었지.

이윽고 망둥이가 어느 작은 절 앞에 다다르자 숨이 차오르고 다리도 무척 아파왔대. 망둥이는 이쯤에서 그만 되돌아갈까 생각도 했지만, 하늘을 가리는 바위나 폭포라는 것을 반드시 보고 가서 친구들에게 자세히 얘기해주고 싶은 마음이 간절했다지.

'내 이 두 눈으로 확실히 보고 가서 친구들한테 잘 가르쳐줄 거야.'

그때였어. 장대 같은 소낙비가 갑자기 땅에 내리꽂히기 시작한 것은.

감악산에서 가장 바위가 크고 많다는 백운계곡을 가보고야 말리라 벼르던 망둥이가 정상을 향하여 막 걸음을 떼려는 순간, 억센 소낙비가 눈 앞을 가리는 것이 아니야!

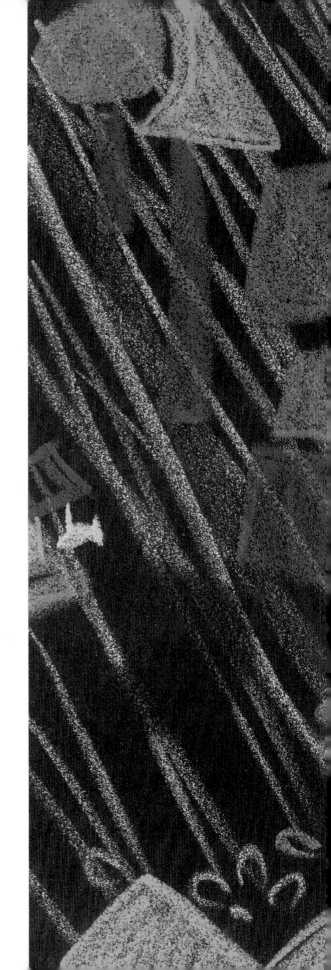

갯벌이라면 파고들었으련만 마땅히 숨을 곳을 찾지 못하고 어쩔 줄 몰라 허둥대는 망둥이의 귀에 곧이어 무시무시하게 큰 소리가 들려왔단다.

고막이 터질 듯한 엄청난 그 소리는 천둥소리 같기도 하고, 험악한 짐승이 울부짖는 소리 같기도 하고, 감악산이 무너지는 것처럼 들리기도 했다지.

망둥이는 벌벌 떨면서도 무슨 소리인지 알아보려고 귀를 쫑긋 세우고 두리번거렸으나, 쏟아붓는 빗속에서 더욱 요란해진 그 소리의 정체가 도무지 무엇인지 알아낼 방법이 없었단다.

너무나 무서워진 망둥이의 가슴은 벌렁거리며 두방망이질을 하고 정신이 아득해지더니 그만 그 자리에 얼어붙고 말았다는구나.

지금 봉암사 앞 천둥바윗길 입구에 서면 감악산을 바라보며 바위가 되고 만 망둥이를 볼 수 있어.

봉암사 앞에서 시작되는 지금의 천둥바윗길 입구에 있는 망둥이바위

부츨바위와 실바위산

부출바위와 실바위산

옛날하고도 아주 아주 먼 먼 옛날, 신들이 사람들과 소통하던 시절이었어. 신들 중에는 삼신할미도 있었는데 삼신할미는 아기들을 태어나게 해주고 아기가 무사하게 자랄 수 있도록 도와주는 신이라고 한단다.

어느 날, 삼신할미가 평소에 하던 대로 여러 마을을 돌아다니다가 마지막으로 파주시 적성면의 밥재라는 마을을 살펴보게 되었다지.

"정 아무개 집은 아들은 많은데 딸이 없으니 이번에는 딸을 점지해주어야겠군."

그러고 나서 옆집으로 갔지.

"아이고, 김 아무개 집은 난산이라 산모가 힘들겠구먼. 그럼 안 되지. 산모랑 아기가 무사할 수 있도록 손을 써야겠구나."

그 다음으로 건너편 집도 돌아보았어.

"흠....., 이 아무개네는 신혼살림 차린 지가 언젠데 아기가 아직 없누. 올해는 아기를 하나 보내주어야지."

삼신할미가 이렇게 집집마다 살펴보고 다니는데 갑자기 배에서 꾸르륵 소리가 나더니 배가 살살 아파오는 것이 아니겠어. 다급해진 삼신할미가 이리저리 두리번거리다 보니 마침 부출로 쓸 만한 바위가 하나 눈에 띄었더란다.

부출이 뭔고 하니, 예전에 응가할 때 뒷간 바닥에 발판으로 쓸 두 쪽의 널빤지를 말해. 그걸 딛고 앉아서 대소변을 보는 거야.

삼신할미는 몸집이 산만큼 컸는데, 부출로 삼을 돌은 식현리 삼광중학교 맞은편 고사동에 있는 자그마한 산에 있었어.

그 산 중턱에는 작은 계곡이 있어서 계곡 양편에 자리한 벼랑이 부출돌로 삼기에 딱이었거든.

삼신할미가 그 바위를 딛고 앉아서 응가를 하자니 자연히 맞은편으로 눈길이 갔다는 거야. 그곳에는 기다랗고 편평한 산이 누워있는데 바로 삼광중학교 뒤에 있는 산이지.

"원 세상에, 저렇게 밋밋하고 멋대가리 없는 산이 다 있담?"

삼신할미는 이렇게 중얼거리며 볼일을 계속 보는데 암만해도 저 심심하게 생긴 산에 신경이 쓰였단다.

"저걸 어쩐다? 산도 아닌 것이, 언덕도 아닌 것이, 기럭지만 저리 길고 볼 것이 있어야지?"

곰곰이 생각해보던 삼신할미는 어떤 생각이 번뜩 스쳐서 손뼉을 '짝'하고 쳤더란다.

"오호라, 이렇게 하면 쓰겠구먼."

삼신할미는 손을 들어 앞산을 쓰다듬다가 손가락으로 세로로 골을 냈어. 비스 듬히 빗살무늬 모양으로 골을 내고 나니 그제야 볼 만해졌다는구나.

그때부터 사람들은 그 기다란 산을 실바위산이라고 불렀어. 멀리서 보면 빗살 무늬처럼 생긴 골이 산에다 실을 걸쳐놓은 것처럼 보이기 때문이지.

그리고 삼신할미가 디뎠던 고사동의 그 자그마한 계곡의 바위는 부출바위 또 는 부출돌이라고 부르게 됐단다.

실바위산과 부출바위는 겨울에, 그것도 눈이 살짝 내린 다음에 찾아가면 그 모습이 더 잘 보이지.

부출바위 정경.
부출바위는 파평면의 고사동, 곧 식현리 삼광중·고등학교 맞은편에 위치해 있는데, 삼신할미가 변을 볼 때 밟고 앉았던 부출돌이라고 전한다.

실바위산 정경.
실바위산은 삼광중·고등학교 뒤쪽에 위치해 있는데, 삼신할미가 맞은편 부출바위를 딛고 앉아서 손가락으로 긁은 산은 올록볼록하게 실처럼 가느다란 골이 파인 자국이 보인다.

적성_{積城}에 가고지고

아기 장수 ⁵

아기 장수

파주시 적성면의 적암리에는 커다란 바위산이 많은데, 그 중에서도 석양빛을 받아 붉게 빛나는 '문바위' 때문에 동네 이름을 적암리(赤巖里)라고 부른단다.

옛날 아주 먼 옛날에, 이 적암리에서 있었던 일이야.

적암리의 문바위 정경- 길을 사이에 두고 양편으로 거대한 바위가 버티고 있다.

어느 해인가 마을에서는 전에 없던 이상한 일들이 일어나기 시작했단다. 그 이상한 일 중 첫 번째로는, 감악산을 오르기 전 버티고 서있는 문바위를 바라보고 오른 편에 자리한 화주골이라는 데서 굉장히 커다란 활과 화살이 나온 것이야. 그다음에는 문바위란 곳에서 어마어마하게 큰 북이 나왔고, 뒤이어 북바위에서는 날개 달린 말이 나온 것이었다지.

이런 일들로 마을이 온통 뒤숭숭해지자 사또는 이것들을 어떻게 처리해야 하나 하고 고민하다가, 관가에서 허드렛일하는 사람들이 머무르는 사령청에 잠시 두기로 했더란다.

그즈음 마을에 좋은 소식도 있었으니, 이 아무개라는 사람의 집에서 사내 아기가 태어난 것이었대.

한데, 이 아기는 태어나자마자 눈도 뜨고 앉기도 하더라는 것이야. 갓난아기는 보통 며칠 동안 눈도 못 뜨고 젖 먹고 잠만 자는 게 일인데 그 아기는 좀 이상하지? 아기의 아버지는 신기해하면서 동네 사람들에게 자랑자랑을 했어.

"이보게들, 우리 아들놈이 어찌나 튼실한지 글쎄 벌써 앉기까지 한다네."

헤벌쭉 웃으며 좋아하는 이 씨의 말을 동네 사람들은 아무도 곧이듣지 않았지.

"예끼 이 사람아, 갓난애가 벌써 앉는다니? 말이 되는 소리를 하게."

"자네가 늦게 아들을 얻더니 제정신이 아닌가 보군. 별 싱거운 사람 다 보겠네 그려."

아기는 하루가 다르게 쑥쑥 자라났는데, 태어난 지 며칠 만에 벌써 걷기 시작하자 보통 아이가 아니라는 걸 알아챈 부모는 이제 슬슬 걱정되기 시작했단다.

그러던 어느 날, 아기 엄마가 들일을 하다가 아기에게 젖을 주려고 방에 들어갔더니 눕혀놓은 아기가 사라져 버린 게 아니겠어? 놀란 엄마가 두리번거리며 아기를 찾았더니 글쎄 머리 위에서 포롱포롱 날아다니고 있었다지 뭐니? 화들짝 놀란 엄마가 아기를 잡으려고 다가가니 아기의 등에서 무언가 파닥거리는 게 보였대. 눈을 비비고 찬찬히 살펴보니 그것은 바로 날개가 돋아나 있는 것이었단다!

"에구머니나! 이게 무슨 일이래? 아이고, 어머니!"

이건 큰일도 보통 큰일이 아닌 거지. 사람에게 날개가 돋는다는 것은 듣지도 보지도 못한 해괴한 일이었기 때문에 부모는 기가 막혀서 어쩔 줄 몰라 했다지. 그리하여 누구에게든 이 사실을 감추려고 애쓰기 시작했대. 부모는 그 사실을 행여나 들킬까봐 매일같이 가슴을 졸이며 이 핑계 저 핑계로 이웃사람들에게 아기 보여주기를 꺼려했단다.

그러던 어느 하루, 안 마을에 사는 개똥 어멈이 채반을 빌리러 이 집에 왔대. 아기 엄마가 집에 없어서 돌아가려고 하다가, 문득 아기를 보고 싶은 마음에 방문을 살짝 열어보았다네.

이런 세상에, 방에서 날아다니는 아기를 발견한 개똥 어멈이 깜짝 놀라서 뛰쳐나가다가 밖에서 돌아오던 아기 엄마와 딱 마주치게 됐다지.

"하이구야, 이게 뭔 일이래-?"

"개똥 어멈, 무슨 말을 하는 거야?"

"아니, 시방 애가 떠 있다니까-. 공중에 둥둥 떠다니고 있다고-. 이게 어떻게 된 일이야? 아이고 무서워라!"

"쉿! 제발 좀 조용히 해! 나도 무슨 조화인지 모르겠다니까. 이봐, 개똥 어멈, 이 일은 개똥 어멈만 알고 있어야 해. 알겠지? 응, 응?"

아기 엄마는 개똥 어멈의 입단속을 했지만, 발 없는 말이 천 리를 간다고 소문은 순식간에 퍼져서 온 마을 사람들이 다 알게 돼버렸단다.

"꼭 자네만 알고 있어야 해~. 저 웃 골목에 이 씨 집 있잖아? ….."

신기한 아기에 대한 소문은 거기서 그치지 않고 마을마다 번져 나가다가 드디어 임금의 귀에까지 들어가게 됐다는구나.

갓 태어난 아기가 앉고 걷다가 날개가 돋아서 날아다니기까지 한다는 건 예삿

일이 아닐 뿐더러, 장차 커서 장수가 될 것이 분명했기 때문에 임금은 몹시 불안해 했다지. 보잘것없는 집안에서 장수가 나면 나중에 역모를 일으킬 거라고 생각한 임금은 급기야 그 아이를 죽이라고 신하들에게 명령을 내려버렸대.

무장한 신하들은 적암리의 관가로 가서 원님에게 그 아기에 대해 캐물어서 곧바로 이 씨 집에 들이닥쳐 아기를 찾아냈단다.

"여봐라! 이 고을에 괴물이 나타나 민심을 어지럽히므로 임금님이 그 괴물을 죽여서 나라를 평안하게 하라고 어명을 내리셨느니라. 어서 그 괴물 아이를 내놓으렷다!"

이 씨는 자신을 대신 죽여달라고 애걸했어.

"아이구, 나으리, 이 갓난것이 무슨 죄가 있습니까, 이 애는 그저 생김새가 조금 다를 뿐입니다요. 애비가 돼서 자식을 죽이라고 어찌 내어줄 수 있단 말입니까, 차라리 이놈을 죽여주십시오, 나리!"

옆에서 벌벌 떨면서 아기를 살려달라고 엄마도 빌고 또 빌었지만, 여러 신하가 달려들어 발버둥치는 엄마의 품에서 아기를 빼앗고 말았어. 그러고는 팥이든 가마니로 아기를 눌러버렸단다, 글쎄.

그런데 어찌된 일일까, 팥 섬에 깔린 아기가 가마니를 휘까닥 젖히고 날아가 버리는 게 아니겠어? 더욱 놀라운 건 뒤이어 어디선가 날아온 날개 달린 말이 아기를 태우고서는 북바위 속으로 쑥 들어가 버렸다는 것이야. 용마가 바위에 다다르자 바위 가운데가 둘로 갈라지더니 용마를 삼키고 나서 닫혀버렸다지. 지켜보던 사람들은 입만 떡 벌린 채 그 누구도 아무 말을 하지 못했다는구나.

　허탕을 치고 돌아온 신하들의 믿기지 않는 말을 들은 임금은 불같이 화를 냈고, 걱정하느라 잠을 이루지 못했어. 아기만 보더라도 이상한데, 용마와 바위가 조화를 부린다니 이건 암만 생각해봐도 가만두어서는 안 될 것 같아서 몹시 불안해했다지. 그러다 괴물 아기가 몹시 꺼림칙하게 생각된 임금은 몸소 적암리로 행차를 했단다.

　원님에게 화주골에서 나온 활과 화살을 가져오게 한 임금은 북바위로 향했어. 그동안 동네 사람들이 북바위를 열기 위해 온갖 노력을 했음에도 꿈쩍 않던 바위는, 임금이 그 화살을 쏘자 단번에 쩍 하고 갈라져 버렸다지 뭐야.

　결국 아기를 찾아낸 임금은 아기와 그 부모 그리고 가까운 친척들을 모두 처형시키고 말았다는구나.

이 씨 일족은 화주골 앞자락에 묻혔다고 하는데, 그곳의 지형이 천자문의 마지막 글자인 야(也)자(字) 형태라 해서 '야자묘(也字墓)'라 불렀어. 이 '야자묘 전설'을 따라 화주골을 찾아가도 이제는 흔적이 남아 있지 않단다.

지금도 조용한 날에는 북바위에서 말발굽 소리와 말 울음소리가 희미하게 들린다는구나.

북바위 정경. 바위 모양이 붓 끝을 닮았다고 해서 붓바위라고도 부른다.

아마니고개 ⁶

아마니고개

파주의 적암리라는 마을에서 전곡의 양원리로 넘
어가는 곳은 삼거리인데, 그곳을 아마니고개라고
불러.

고개 이름이 예쁘지? 전설에서 비롯된 순우리말
이야.

옛날 옛날, 보릿고개가 있었던 시절에, 파주 적성
면 적암리에 한 집이 있었어.

그 집에는 젊은 부부와 어린 아들이 있었는데, 아
버지가 어쩌다 병에 걸려 그만 세상을 떠나고 말았
단다. 넉넉하지 못한 형편에 아버지의 병구완으로
점점 더 가난에 시달리다가 아버지가 돌아가셨으니,
남겨진 젊은 어머니와 어린 아들은 살아가기가 더욱
막막해졌겠지.

하는 수 없이 어머니와 아들은 살던 집을 팔아서
이전보다 더 허름한 단칸방으로 이사를 하게 됐고,
농사지을 땅이 없으니까 어머니가 그날그날 다른 집
의 허드렛일을 해주고 근근이 살아가고 있었대.

그러던 어느 하루, 오줌이 마려운 아들이 한밤중에 일어났는데 곁에 있어야 할 어머니가 안 보이더래. 변소에 갔다 와서 한참을 기다려 보아도 어디를 갔는지 어머니는 보이지를 않더란다.

좁다랗던 방이 휑뎅그렁하게 느껴진 아들은 우두커니 혼자 앉아서 어머니를 부르며 울다 잠이 들었는데, 눈을 떠 보니 아침이었지. 집안일을 하고 있는 태연한 얼굴의 어머니를 보고 마음이 놓이자,

'내가 간밤에 꿈을 꾸었나보다.'

하고 아들은 생각했단다.

얼마가 지났어.

아들이 밤중에 우연히 눈을 떴는데 어머니가 또 없더라는 거야.

어머니가 어서 방으로 들어오기를 기다렸지만 아무리 기다려도 어머니는 역시 돌아오지 않았다는구나.

'며칠 전에도 꿈이 아니었나 보구나, 어머니는 대체 어디를 가신 걸까?'

이런 생각이 들자 아들은 너무나 이상하고 겁이 나서 몹시 울었대. 울다 졸다가 다음 날 늦은 아침에 일어났더니, 여느 날과 다름없이 어머니가 부엌에서 밥상을 차리고 있더라는 거야.

그 후로도 어머니가 가끔씩 살그머니 사라지는 밤은 반복되었어.

그래서 아들은 곰곰이 생각했지.

'어머니는 밤중에 어디를 가는 거지? 도대체 왜 나에게 아무런 말도 안 해주는 걸까?'

생각다 못한 아들은 어찌 된 영문인지 알아보려고 잠을 자지 않기로 했다지. 그때부터 밤이 되면 자는 척하며 실눈을 뜨고 어머니를 몰래몰래 지켜보기로 한 거야.

그로부터 며칠 뒤 이슥한 밤이었어.

참 이상한 일도 다 있지.

어머니가 한밤중에 슬며시 일어나더니 곱게 단장하기 시작하는 게 아니겠어? 흐릿한 호롱불 너머로 거울을 마주하고 얼굴에 분을 바르더래. 이윽고 머리에 피마자기름을 발라 참빗으로 곱게 빗어 쪽지더니, 고개를 갸웃갸웃거리며 거울을 한참이나 들여다 보더라는 거야.

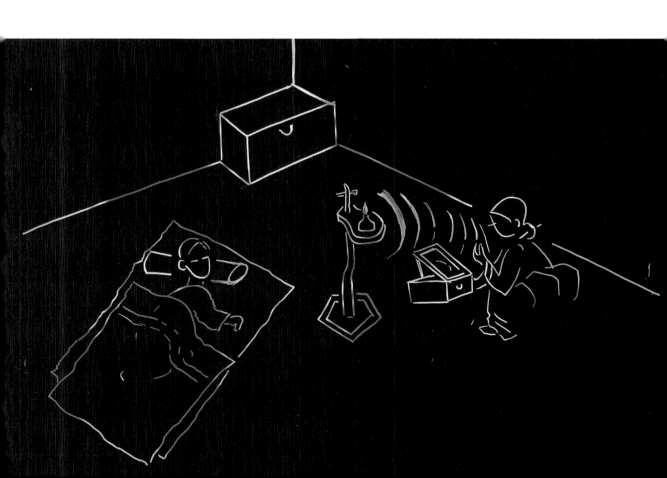

세상에, 아들이 평소에는 한 번도 보지 못했던 어머니의 모습이었어. 어머니가 왜 저러는 걸까 어리둥절해 하는 사이, 어머니는 새 옷으로 갈아입고서 옷매무시를 몇 번이나 다듬으며 거울에 요리조리 비춰보고 미소를 지었어. 그런 다음, 아들이 자고 있는지 확인하고서 호롱불을 훅 불어버리고는, 조심조심 방을 나서더란다.

어머니의 낯선 행동에 아들은 몹시 두려워서, 정신없이 뛰는 가슴을 억누르며 어머니를 부르고 싶어도 어머니란 말이 목에 걸려 소리가 나오지 않았단다.

그러면서도 한편으로는 어쩐지 어머니를 따라가면 무슨 실마리가 잡힐지도 모르겠다는 생각에 미치자 조심스레 어머니의 뒤를 밟았다지.

그날은 그믐이라 마치 숫돌에 벼린 듯한 그믐달이 새까만 밤하늘을 찢고서 나온 것처럼 보였대.

살금살금 뒤따라 가던 아들은 어머니에게 들키지 않으려 거리를 두면서도 눈으로는 어머니의 흰 저고리만 노려보면서 종종걸음을 쳤지. 어두컴컴한 오솔길 곳곳에 도사리고 앉은 돌부리가 발목을 잡고 나뭇가지가 얼굴을 때리는 통에 휘청거리노라니 어머니는 어느새 고샅길을 돌아서 저만큼 멀어져가고 있었어.

가까운 듯 먼 듯 가물거리던 흰 저고리 빛은, 새하얀 한지가 번지는 먹물에 먹혀드는 것처럼 작아지다가 희끄무레하게 너울거리는가 싶더니, 이내 어둠 속으로 빨려 들어가 흔적도 없이 사라져 버리고 말았단다.

때마침 구름이 지나가고 있었어.

간당간당하게 매달려있던 그믐달과 수정처럼 빛나던 별들이 한순간에 사라지자 사방은 먹물 속에 가라앉은 듯 더욱 캄캄해졌지. 초저녁이면 보이던 반딧불이도 사라진 그 시각, 자연히 귀를 곤두세우게 됐지만 새소리 풀벌레 소리조차 들리지 않더라는구나.

　그제야 뒤늦게 무서운 마음이 든 아들은 머리털이 쭈뼛쭈뼛 서고 등골이 서늘해져서 어찌할 바를 모르고 울면서 다급하게 어머니를 불렀단다.

　"어머니, 어머니-, 어디를 가오-?"
　"어머니-, 어머니--!"

　아들이 어머니를 부르며 목 놓아 울었지만, 어디선가 컹컹거리며 개 짖는 소리만 희미한 메아리처럼 돌아올 뿐이었다네.

　　걱정과 의심으로 한숨을 못 자고 밤을 지새운 아들은 어머니가 돌아오기만을 별렀대.

　　마침내 이웃사람들의 눈을 피해 새벽이슬을 맞으며 돌아온 어머니의 팔을 그러쥔 아들이 다그쳤다지.

　　"어머니, 어디를 다녀오시오?"

　　"…….."

　　깜짝 놀란 어머니는 주춤거렸지만 꿀 먹은 벙어리마냥 말을 하지 못했단다.

　　"왜 이다지 어머니가 없는 밤이 많소? 나는 어머니가 없는 밤이 무섭고 싫소."

　　어머니는 얼굴을 붉히며 무슨 말인가 하려는 듯하다가 머뭇머뭇거리더니 그저 한숨만 폭- 내쉬고는 입을 다물더라는 것이야.

　　물기 어린 눈으로 아들아이의 눈길을 피하는 어머니의 얼굴은 부끄러워하는 것 같기도 하고 슬퍼하는 것처럼 보이기도 했다지.

　　그 후로도 기와마을 뒤편 언덕바지에서는 한밤중에 어머니를 부르며 애달피 우는 소리가 들리곤 했단다. 그렇게 숱한 날이 지나가자 무슨 일인가 궁금해 하는 동네사람들이 차츰 늘어나게 됐고, 두서너 명씩 모일 때면 킥킥거리며 귀엣말을 주고받는 사람들이 많아졌다지.

　　이러구러 몇 달이 흐르자 어머니에 대한 소문이 시나브로 마을에 번져 나갔고, 짓궂은 아낙네들이 마침내 어머니의 비밀을 캐내고야 말았다는구나. 어머니가 남몰래 고릉리 쪽에 사는 남자를 만나러 밤마실 다닌다는 사실을.

옛날에는 과부가 연애하거나 재혼하면 나쁜 짓을 저질렀다고 여기는 사람이 많았기 때문에, 그랬다가는 죄인 취급을 받던 시대가 있었거든. 그래서 어머니는 유일한 가족인 아들에게조차 사실대로 밝힐 수가 없었던 거란다.

그때부터 사람들은 어머니가 넘어 다니던 적암리와 양원리가 맞닿은 고개를 '어머니고개'라고 부르기 시작했다는구나.
그리고 고릉리의 남자를 만나러 간 고개를 '서방고개', 아들이 어머니를 부르던 기와마을 언덕을 '부른고개'라고 불렀지.

그러다가 세월이 흐르면서 어머니고개가 '아마니고개'로, 부른고개가 '부릉고개'로 발음하기 편하게 바뀌게 된 것이야.

연천군 전곡읍 양원리와 파주시 적성면 적암리를 경계로 한 아마니고개

적성_{積城}에 가고지고

어유지(魚遊池)⁷

어유지(魚遊池)

어유지(魚遊池)

옛날하고도 아주 먼 옛날, 파주시 적성면의 어못내라는 지금의 어유지리에 심 정승이란 사람이 살고 있었어. 나이가 들자 관직에서 물러난 심 정승은 너른 마당 한 켠에 연못을 만들어서 갖가지 물고기를 길렀단다.

그 심 정승에게는 고운 첩이 하나 있었는데, 예전에는 양반들이 첩을 두는 것은 흔한 일이었던 때가 있었지. 심 정승과 첩은 함께 연못을 아름답게 가꾸고 물고기를 기르며 세월 가는 줄 모르고 한가롭게 살아갔단다.

그런데 언제부턴가 심 정승의 첩은 까닭 모를 병을 얻어 앓아누웠다는구나. 심 정승이 절에 가서 불공도 드리고, 좋은 약도 써보고, 용하다는 의원에게도 첩을 보여 봤지만 모두 소용이 없었다지.

심 정승이 지극한 정성으로 보살폈지만 노력한 보람도 없이 시름시름 앓던 첩은 어느 날 죽고 말았대. 첩을 몹시도 사랑했던 심 정승은 연못을 메웠지. 거기에 첩의 무덤을 만들어서 가까이 두려고 생각했던 것이란다.

그런데, 연못을 메운 다음 날 아침에 일어나 보니 어찌 된 영문인지 연못이 그대로 있는 게 아니겠어? 깜짝 놀란 심 정승은 어리둥절해 했지만 다시 연못을 메웠다지. 하지만 귀신도 곡할 노릇이지, 다음 날도 그다음 날도 메웠던 연못은 언제 그랬냐는 듯 본래의 연못으로 되돌아왔다는구나. 그래도 심 정승이 포기하지 않고 날이면 날마다 연못을 메우자, 어느 땐가 연못 자리는 메워진 그대로 평지가 되었더래. 그제야 안심한 심 정승은 그곳에다 첩의 무덤을 잘 만들어서 돌봤다지.

그러고 나서 며칠이 지
났어. 심 정승이 어
느 날 자고 일어나
보니 연못 자리에 있어야
할 첩의 묘사 감쪽같이 사라져 버렸
다지 뭐야. 어찌할 바를 모르던 심 정승은 너
무나 상심하여 먹지도 못하고 자지도 못하며 넋이
나간 사람처럼 울며불며 하루하루를 보냈단다.

그러던 어느 날, 심 정승이 선잠이 들었는데 꿈에 한 이무기가 나타났다는구나.

"나는 용이 되려 하는 이무기요. 내가 돌담과 흙에서 천 년씩을 살았고, 이제 이 집 연못에서 천 년을 더 살면 용이 될 수 있는데, 그대가 연못을 메우는 바람에 내 소원을 이룰 수가 없게 됐단 말이오."

"그러면 묘를 사라지게 한 것이 네가 한 일이더냐?"

심 정승이 깨어나서 생각하니 꿈이 꿈 같지 않았대. 생시처럼 생생한 이무기의 모습이 머릿속에서 떠나지 않았고, 연못을 메운 사실을 이무기가 콕 집어서 말했으니 아무래도 대수롭지 않게 넘길 수가 없었다지.

'그런 조화를 부릴 수 있는 존재가 도대체 어디 있단 말인가. 신통력 있는 이무
기나 되니까 그런 거겠지?'

이렇게 생각한 끝에 심 정승은 연못을 되돌려놓았고, 약속이나 한 것처럼 이
무기는 첩의 묘를 되돌려주었다는구나.

지금은 어유지 2리에 연못의 흔적만 간신히 남아있지만, 그런 전설 때문에 동
네 이름이 어유지리(魚遊池里)라고 불린단다. 물고기가 노니는 연못이란 뜻이지.

그 연못에서 용이 나왔다고 해서 그 연못을 용못이라고도 불렀는데, 어유지2
리 안쪽의 마포교 밑에 있는 용못과는 다른 곳이야.

용못이 있다고 하는 곳인데, 지금은 집이 들어서 있다.

오뉘바위 ⁸

오뉘바위

때는 임진왜란 전에 전에, 왜구들이 틈만 나면 조선에 쳐들어와서 노략질을 하던 시절이 있었지.

그때에 파주시 적성면의 배우니란 마을이 있었는데, 그곳에서 살던 사람들은 철 따라 농사를 짓고 틈틈이 임진강에서 물고기도 잡으면서 평화롭게 살아가고 있었단다.

어느 해 가을걷이가 다 끝날 무렵, 그 마을에 갑자기 왜구가 쳐들어와서는 곡식을 **빼앗아**가는 사건이 일어나게 됐어. 동네 사람들이 대항했지만 칼을 휘두르는 왜구들 손에 농민들은 속절없이 죽어 나갔다는구나.

왜구들이 배우니 마을을 쳐들어오자 마을에서는 현안말이라는 지금의 구읍리에 자리한 원님에게 급히 도움을 청했지만, 나라에서도 곳곳에 출몰하는 왜구들을 일일이 막을만한 군대가 모자랐기 때문에 아무런 도움을 받지 못했단다.

마을 사람들이 더 이상 저항을 못 하자 왜구들은 곡식을 약탈해서 동네를 유유히 빠져나갔어.

이웃 마을 곳곳에서도 왜구한테 약탈을 당하는 마을이 늘어만 갔단다. 배우니에 살던 한 가장은 왜구들이 또 언제 쳐들어올지 모른다고 생각해서 배우니와 이웃 동네 장정들을 모아 왜구를 소탕하기로 했다네. 그 집은 아내와 어린 남매인 귀동이, 꽃분이 이렇게 네 식구였어.

장정들이 떠나간 후 겨울은 다가오는데 싸우러 간 사람들은 돌아오지 않았고, 식량을 약탈당해 끼니를 거르는 집들이 늘어나기 시작했지. 남매의 어머니는 생각다 못해 행상을 가기로 마음먹고 마지리의 5일장을 찾아갔대. 그곳에서 아녀자들이 쓰는 반짇고리와 노리개, 거울 같은 것을 외상으로 받아다 집집마다 돌아다니며 팔기로 했단다.

그날도 귀동이 어머니는 행상을 나가며 아이들에게 일렀어.

"귀동아, 감악산 중턱에 있는 사기막골 알지? 오늘은 그 사기막골에 사는 부잣집 마나님한테 갔다 올 테니까 동생하고 잘 놀고 있거라."

아이들은 칭얼거렸어.

"엄마, 오늘은 날씨가 이상하다. 엄마 안 갔으면 좋겠어, 힝-"

"그래, 그래. 눈이 오려는지 날씨가 흐리구나. 엄마 금방 갔다 올 거니까 밖에 나가지 말고 방 안에서 놀고들 있어, 알았지?"

"엄마, 엄마, 얼릉 와야 해-. 응?"

아이들을 달래놓고 팔 물건이 든 바구니를 이고 집을 나선 엄마는 서둘러 감악산으로 향했어. 단단히 여민 홑치마를 칼바람이 훑었지만 아이들 생각에 추워할 겨를도 없이 종종걸음을 쳤지.

운계사 밑으로 난 행길을 따라 사기막골에 이르렀을 때에는 눈이 제법 흩날리기 시작했단다.

    한편, 그 시각 배운리에서는 동네가 술렁이기 시작했대.

    옆집에 사는 할아버지가 귀동이네를 찾아와서는 왜구들이 또 쳐들어온다는 기별이 있으니 피신을 하라는 것이었어. 동네 어구에는 노인들과 아녀자들이 급한 대로 보퉁이를 이고 지고 몰려나가고들 있었지.

    귀동이도 동생을 데리고 사람들을 따라가다가 생각해보니 엄마를 먼저 만나야 할 것 같아서 운계사 쪽으로 방향을 틀었단다.

    사기막골은 전에 식구들이 운계사에 갔을 때 아버지가 알려주신 적이 있었거든. 그래서 지금의 마지리인 소개울로 향하는 사람들과 떨어져서 사기막골로 가는 길로 접어들었던 거야.

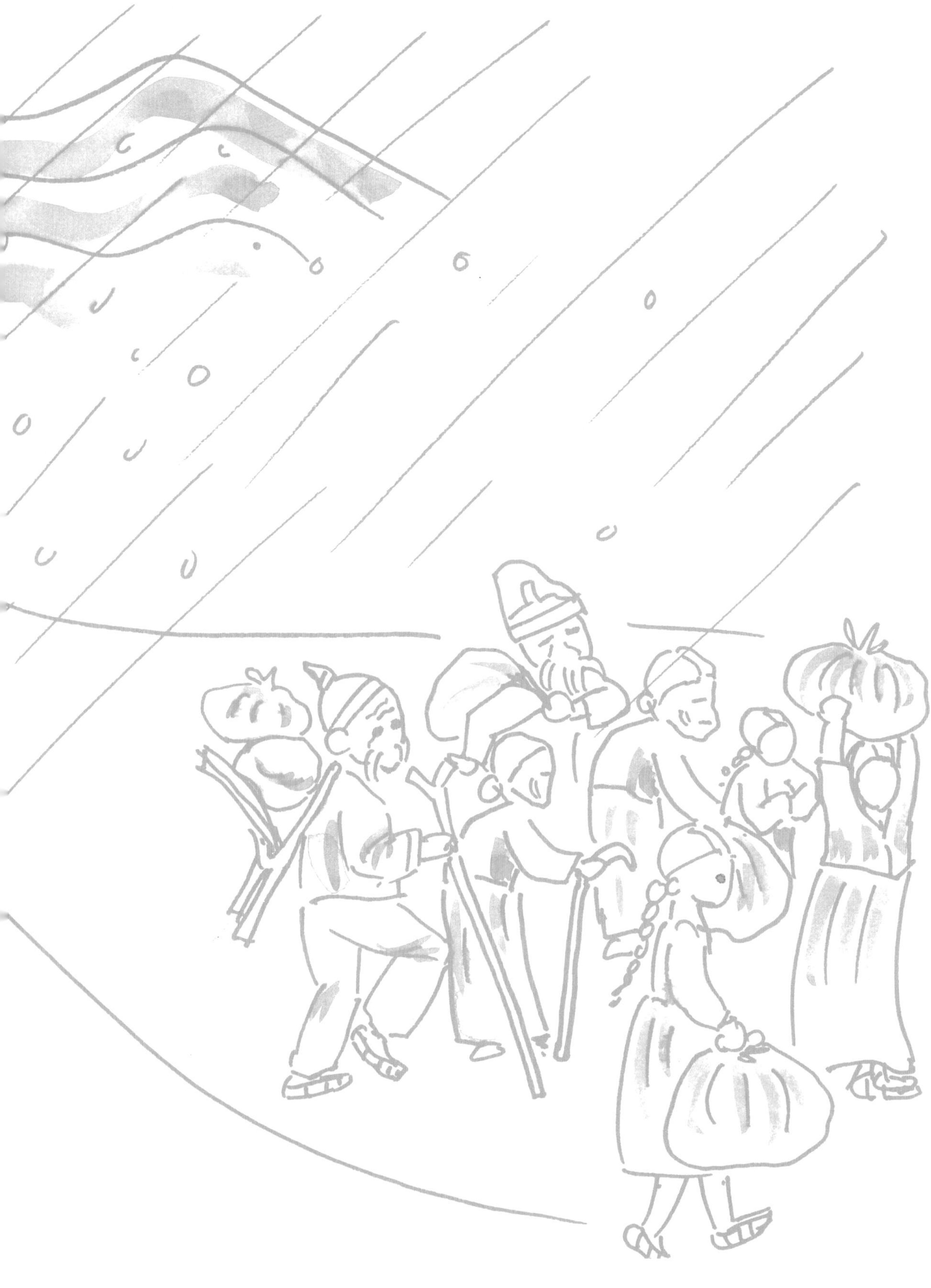

눈발이 점점 굵어지자 엄마는 마음이 급해져서 다른 집에는 더 들르지 않고 내려가기로 했어. 다급한 마음에 발을 허펑디펑 내디디며 운계사 밑 큰길로 내려가다가 보니, 마을을 떠났던 장정 서너 명과 아이들이 눈에 들어왔단다.

"저기 우리 엄마다, 엄마, 엄마!"

"아이고, 아가, 이게 어쩐 일이냐, 응?"

장정 하나가 대신 대답했어.

"귀동 엄니, 지금 일이 났구만요. 왜놈들이 배를 타고 주월리까지 또 쳐들어왔답니다. 지금 마을마다 돌아댕기면서 사람들을 피신시키다가 애기들을 만났지요."

뒤이어, 귀동이 아버지는 자신들과는 다른 초소인 양주의 남면에 있는데, 거기에서는 아직 소식을 모를 거라고 했어. 상황은 위태롭고 급박하게 전개되었지.

남면에 흩어져 있는 왜구들과 주월리에 쳐들어온 왜구들이 함께 공격해오면 마을들은 그야말로 쑥대밭이 될 판이었거든.

장정들은 마을 사람들을 피신시키고 왜구들을 상대해야 하는 한편, 남면에 있는 의용대에도 소식을 알려야 하는 형편이었지.

귀동이 어머니는 우선 아이들을 안전한 곳에 숨겨기기로 했단다.

식구들이 자주 놀러 갔던 운계폭포 윗길로 해서 선고개에 있는 소맷길에 숨어 있으라고 귀동이에게 단단히 일렀다지. 운계사 밑의 너른 길로 가다가 왜구를 맞닥뜨리면 큰일이니까 말이야.

그러고서는 어머니는 아버지에게 연락을 하러 남면을 향해 떠났단다.

귀동이는 동생의 손을 꽉 잡고 몹시 가파르고 휘어진 운계사 길로 올라갔어. 여름에 운계폭포에서 물맞이도 하고 웅덩이에서 물장구도 치던 기억을 떠올리며 운계폭포에 다다르니 폭포는 얼음이 얼어서 절벽이 온통 하얀 고드름으로 덮여 있었다네.

"오빠, 나 힘들어."

"꽃분아, 조금만 더 가면 돼. 힘내자."

"그치만 다리 아퍼서 더 못 가겠단 말이야."

"그래, 그래. 아주 쪼금만 더 가면 엄마가 일러준 데 나와. 우리 꽃분이 착하지? 오빠가 업고 갈까?"

숨이 차고 다리도 아프다고 매달리는 동생을 업고 가려 했지만 비탈진 눈길이라 여간 어려운 게 아니었다지. 하는 수 없이 동생 손을 잡아끌고 겨우겨우 운계 능선 중턱에 다다랐을 때에는 날이 이미 어둑어둑해지고 말았단다. 겨울 산이고 눈이 내리는 터라 어둠이 더 빨리 내려앉은 거였어.
남매가 젖 먹던 힘을 다해 기어이 소매골에 도착했을 때에는 사방이 캄캄하고 고요해진 가운데, 함박눈이 소록소록 쌓이는 소리만 들려왔어.
땀이 차오르던 얼굴은 땀 때문에 더 빨리 얼어붙어 푸르죽죽해졌지만 어둠 속에서는 서로의 얼굴조차 분간할 수 없었어.

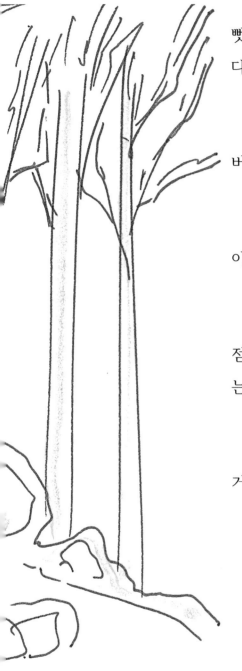

눈물과 콧물이 범벅된 얼굴을 훔치다보니 소맷부리도 뻣뻣해졌고, 발도 시리다 못해 뼛속까지 아픔이 느껴지 다가 점점 감각이 없어져 갔단다.

둘이는 꼭 붙어 앉아서 곱은 손을 호호 불며 어머니 아 버지를 부르고 울었다지.

'엄마는 금방 올 거라고 했는데 어디쯤 오고 있을까, 아버지는 어디에 있는 걸까….'

얼마나 지났는지 알 수 없을 때, 묵직하게 내리던 눈이 점점 잦아들고 있었지만 나무 밑에 쪼그리고 앉은 남매 는 머리에 쌓인 눈을 털어낼 힘조차 없게 되었다는구나.

"꽃분아…, 조금만 있으면… 엄마랑 아부지가… 올 거야."

"오빠… 이제 … 조금 …… 더… 덜 … 춥다 …그치?"

"응…, 그러네…."

"… ….."

"꽃분아? …. 꽃부ㄴ…."

지금의 감악산둘레길 가운데 '손마중길' 중턱에는 바위 두 개가 나란히 어깨를 대고 있는 게 보여. 그 시절 부모를 기다리다 얼어 죽은 남매가 바위가 되었다고 해서 사람들은 오뉘바위라고 부른단다.

손마중길 중간에 있는 오누이바위

용머리산 ⁹

용머리산

파주시 적성면에는 두지리라는 동네가 있어. 두지리는 지금도 황포돛배가 뜨는 임진강변의 나루가 있는 마을로, 한국전쟁(6.25) 전까지도 저 아랫지방에서 마포나루를 거쳐 소금과 젓갈을 실은 작은 배들이 드나들던 곳이었단다.

옛날 아주 먼 옛날에, 그 두지리에 김 씨라는 갑부가 살고 있었단다. 김 씨는 그 마을에서 가장 큰 집에서 살면서 곡식과 재물이 엄청나게 많다고 소문이 자자했지만 만족해할 줄을 몰랐다지. 어찌하면 재물을 더 긁어모을까, 어떻게 해야 더 부자가 될 수 있을까 하는 것이 자고 새면 김 씨가 하는 고민이었다는구나.

김 씨네 집에는 사람들의 왕래가 거의 없었는데, 거렁뱅이가 밥을 얻어먹으러 가면 한 술도 주지 않았고, 심지어 물 한 모금만 달라고 해도 아깝다며 거칠게 내쫓기 일쑤라 동네 사람들이 손가락질을 하곤 했다는군.

어느 하루는, 한 스님이 시주를 얻기 위해 이 집에 왔는데, 부자는 스님에게 줄 게 없다며 쫓아내려 했다지.

"아무 것도 줄 게 없으니 다른 데 가서 알아보쇼!"

"내 이 댁을 위해 기도해 드릴 터이니, 절에 있는 스님들을 위해 잡곡이라도 조금만 주시면 고맙겠소이다."

스님이 다시 부탁했지만 부자는 눈을 부라리며 소리를 질렀지.

"아니, 이 중이 못 알어들었나봐? 곡식이 하늘에서 뚝 하구 떨어지는 줄 아나, 엉? 보리 한 줌도 줄 수 없으니까 썩 꺼지라구!"

이렇게 내지르고 씩씩거리며 마당 저편으로 발걸음을 돌리던 김 씨는 귀가 쫑 긋 섰어. 무안당하고 돌아서서 가던 스님이 문간에서 혼잣말로 중얼거리는 걸 들은 거야.

"쯧쯧쯔…. 용머리산에다 조상의 묘를 쓰면 지금보다 훨씬 더 잘 살 수 있을 텐데, 그깟 곡식 한 줌이 아깝다고 이렇듯 모질게 구는구나…."

더 잘 살 수 있다는 말에 김 씨는 그 스님이 고맙게까지 여겨졌다지.

'아니, 뭐라구? 저런 엉큼한 중 같으니라구, 그런 얘길랑 얼렁얼렁 해줬어야지… . 가만있자… 아까 뭐라 그랬더라? … 응, 옳지, 옳지, 조상님 묏자리! 이게 웬 떡이란 말이냐, 아이쿠 좋아라!'

스님의 말을 훔쳐들은 부자는 부리나케 하인들을 재촉했대.

부자가 용머리산에 가서 보니 다른 데보다 조금 야트막한 곳이 있어서 파기에 수월하다 싶었지. 하인들에게 얼른 그곳을 파라고 일렀어.

그곳에다 조상의 묘를 옮겨 오면 더욱 큰 부자가 될 거라는 생각에 콧노래를 부르던 부자는, 괭이질 삽질에 커져가는 구덩이를 보면서 신바람이 절로 나서 어깨춤으로 장단까지 맞췄단다.

'얼씨구나 좋다아, 지화자아 좋구나아, 흥, 흥, 흥~
조상님들 덕 좀 보자아~'

아, 그런데 이게 웬 일이래. 얼마쯤 지나자 땅을 파던 곳에서 갑자기 분수처럼 피가 솟구쳐 오르는 게 아니겠어!

놀라서 소리소리 지르며 허우적거리는 사람들 머리 위로 뒤이어 벼락이 떨어졌다는구나. '마른하늘에 날벼락'이란 바로 이런 걸 두고 하는 말이지.

    벼락을 맞은 하인들과 부자는 그 자리에서 죽고 말았고, 땅에서 뿜어져 나온 피는 계속해서 임진강 쪽으로 흘러내려 갔단다.

    파던 구덩이에서 솟구친 피는 임진강으로 흘러 흘러 나가다 부엉바위 근처에서 멈추었는데, 사람들은 그곳을 '피머리끝'이라고 불렀고 지금도 그렇게 부르고 있단다.

    두지리의 황포돛배가 뜨는 두지나루의 오른 편을 보면 바가지를 엎어놓은 듯한 모양의 언덕이 있는데 그게 바로 용의 머리라고 해. 용머리 뒤로는 더 큰 언덕이 있어서, 마치 용이 임진강을 향하여 엎드려 있는 것처럼 보인다고 하지.

    용머리산의 모가지 부분이 유난히 잘록한 것은 그때 부자가 그곳을 팠기 때문이란다.

두지나루 건너편 원당리에서 보면 왼쪽으로 동그란 용머리산이 있지? 그 오른쪽으로는 더 큰 언덕이 잇닿아 있어서, 마치 용이 임진강을 향하여 엎드려 있는 것처럼 보여. 어느 봄날이나 가을에 황포돛배를 타러 가거든 잘 살펴보렴.

두지나루 건너편 연천의 원당리에서 바라본 두지나루와 용머리산

부엉바위 근처의 피머리끝. 용의 모가지 부분을 파던 곳에서 흘러내린 피가 멈췄다고 한다.

10
자라바위

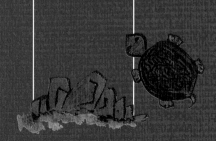

자라바위

옛날에는 임진강가에 모래사장이 제법 넓었는데, 6.25 전쟁 전까지도 그 모래
사장에 자라들이 꽤 많이 드나들며 알을 낳곤 했었다지. 임진강은 물살이 거세
지 않고 물고기가 많아서 자라들이 살아가기에 부족함이 없던 곳이었단다.

　옛날 어느 먼 옛날, 한 자라가 임진강 모래사장에 알을 낳으러 올라왔대. 햇볕이 잘 들고 물살이 약한 좋은 자리를 골라 모래 구덩이를 파고 알을 낳았다지.

　그 자라는 알을 낳은 다음 구덩이를 곱게 다독여주고 강으로 돌아갔다가 다음 날 다시 찾아왔어. 알이 부화할 수 있도록 잘 덮어 둔 것을 확인하러 온 것이야.

　그런데 이게 웬일이래. 글쎄 그 구덩이가 파헤쳐져 있었고 수십 개 낳아두었던 알이 반쯤이나 사라지고 말았다는 거야!

깜짝 놀란 자라는 눈을 의심했지만 잃어버린 알은 어디에서도 발견되지 않았어. 자라는 남은 알들이 추워서 부화되지 않을까봐 서둘러서 구덩이를 다시 잘 덮어주고는 강으로 되돌아갔지.

전날 도둑맞은 일도 있었던지라 다음 날은 일찌감치 구덩이를 다시 찾았어.

이를 어쩌면 좋아. 그날도 구덩이가 파헤쳐지고 이번에는 알도 몇 개밖에 남아 있지 않았다는 거야. 머리끝까지 화가 난 자라는 이를 갈면서 어떤 놈이 알을 훔쳐 가는지 잡으려고 그날은 강으로 돌아가지 않고 구덩이 옆에서 지키기로 했단다.

임진강 끄트머리로 해가 뉘엿뉘엿 지기 시작하자, 강과 하늘은 온통 발그스름하게 물들어갔어. 낮에는 눈이 부셔서 쳐다볼 수 없던 해님이 잘 익은 홍시같은 색깔로 무겁게 내려앉다가 어느 틈에 강 너머로 자러 가자, 임진강변에는 이윽고 어둠이 찾아들기 시작했지.

적막한 강가에 홀로 앉은 자라가 잃어버린 알들을 생각하며 슬픔에 잠겨서 울다가, 도둑놈을 잡게 되면 혼쭐을 내주리라 결심하는 동안 슬슬 졸음이 밀려오기 시작했어. 두 눈을 부릅뜨고 지켜보리라 다짐했건만 쏟아지는 졸음을 이기지 못한 자라는 이내 깊은 잠이 들고 말았다네.

다음 날 아침에 자라가 일어나 보니 믿을 수 없는 일이 벌어져 있었다지. 아무리 눈을 비비고 들여다봐도 파헤쳐진 구덩이에는 알이 달랑 한 개밖에 없지 뭐야.

자라는 통곡을 하면서 어찌해야 좋을지 몰라 발을 동동 굴렀어. 이제는 오로지 하나밖에 남지 않은 알이기에 반드시 지켜내야만 하는 것이야.

어떻게 해야 알을 지킬 수 있을까, 어디를 가야 안전할까 생각다 못한 자라가 사방을 돌아다보니 감악산이 눈에 들어왔다지.

"아, 저곳이라면 안전할지도 몰라."

이렇게 생각한 자라는 알을 짊어지고 감악산으로 향했단다. 행여나 알을 놓칠세라 조심조심 오르다 보니 물이 말라 있는 백운계곡이나왔지.

"이크, 바위가 참말로 크구나! 저 바위틈에 숨길까? 아니지, 아니지. 저렇게 우악스러운 계곡에 장맛비라도 내리면 틀림없이 알이 깨지고 말 거야."

그리하여 포기하고 더 오르다 보니 다래덩굴 숲이 나왔대.

"음, 이 숲에 숨겨볼까? 이것도 안 될 말인데. 들짐승 산짐승들이 달려들면 어떻게 해?"

거기도 포기하고 이왕 나선 길이니 더 올라가 보자고 발걸음을 재촉해서 도착한 곳은 백운계곡의 끝머리에 있는 등성이였다네.

그제야 안심한 자라는 객현리 쪽으로 임진강이 내려다보이는 그곳에 자리잡고는 몹시 흐뭇해했다지.

때마침 선선한 바람까지 불어와 기분이 상쾌해진 자라는 알을 등에 지고서 저도 모르게 스르르 잠에 빠져들었단다.

땀을 뻘뻘 흘린 자라를 위해서 옆에 서 있던 소나무가 그늘을 만들어주었는데, 마치 양산 모양으로 비스듬히 자라 위에서 받쳐주었다는구나.

지금 그곳에 가 보면 아직도 알을 등에 지고 잠들어 있는 자라를 만나볼 수 있
단다.

지금의 천등바윗길 중턱의 망운대쉼터 옆에 있는 자라바위

적성에 가고지고

積城

11

장자못

장자못

옛날 옛날 아주 오랜 옛날, 파주시 적성면 장좌리라는 마을에 만석꾼 갑부인 송 씨라는 사람이 살고 있었는데, 장좌리와 주변 마을을 통틀어 재산이 가장 많은 사람이었다는구나. 송 씨는 많은 논밭과 야산, 셀 수 없이 많은 방이 들어선 집과 곳간들을 가졌고 널따란 바깥 뜰에는 가축우리가 즐비했대. 게다가 임진강에서 고기잡이도 했는데, 물론 그에 따른 많은 일을 해낼 일꾼과 하인도 무척 많이 두었고 말이야.

하루는 이 집으로 탁발승 하나가 찾아와 시주를 해달라고 했단다.

송 씨는 잠시도 주저하지 않고서 단박에 이렇게 말했다지.

"이거 참 딱하게 됐소이다. 드리고 싶은 마음은 굴뚝같소만, 광 열쇠를 가진 마나님이 마침 집에 없지 뭐요."

그런데, 그냥 돌아갈 줄 알았던 탁발승이 다시 부탁을 하더래.

"많이 안 주셔도 됩니다. 그것도 거저 달라는 것이 아니라 주인어른을 위해 복을 빌어드리겠습니다."

그러자 부자는 어이없다는 듯 비웃으며 이렇게 대답했단다.

"허허허, 내 복은 지금도 충분하다고. 답답한 이 스님 말귀를 못 알아먹는구만. 지금 마누라가 집에 없다니까 그러네.
… 흠, … 가만있어보자, 그러고 보니 외양간에 쇠똥이 있네그려.
내 그거나 한 되 퍼드리지."

송 씨는 이 쇠똥도 두엄으로 쓸 거라 한 되도 아깝네 어쩌네 구시렁거리며 탁발승의 바랑에 쇠똥 한 바가지를 욱여넣고는 서둘러 사랑방으로 모습을 감춰 버렸다네.

그런데 그 광경을 훔쳐본 사람이 있었으니, 바로 이 집의 며느리였지. 무슨 일로 밖이 이다지 소란스러운지 부엌문을 빼꼼히 열고 살피다가 시아버지가 사라지자 밖으로 나온 며느리는 탁발승에게 이렇게 말했단다.

"스님, 저는 이 집의 며느리인데, 저희 아버님이 본래 나쁜 분은 아니랍니다. 적은 것이지만 이거라도 받으시고 저희 아버님의 무례함을 부디 용서해 주셔요."

며느리는 누가 들을세라 소곤거리며 곡식을 담은 조그만 보퉁이를 스님에게

건넸대.

그러자 스님도 들릴락말락한 소리로 며느리에게 이렇게 물었다지.

"고맙소, 이 댁 며느님의 마음씨는 참말로 곱구려.
소승이 무슨 말을 할 터이니 한번 들어보시겠소?"

"예, 무슨 말씀이신지요?

뜬금없는 제안을 어리둥절해 하는 며느리에게 스님은 이런 말을 했다지 않
겠어?

"오늘 저녁때쯤 이곳에서 큰일이 벌어질 터이니, 아무에게도 말하지 말고 소
중하게 여기는 것 하나만 가지고 얼른 이 집을 떠나시오."

"아니, 스님? 떠나라니요?"

하지만 스님은 대답 대신 이 한마디를 덧붙이고는 가버렸대.

"한 가지 꼭 명심할 것은, 집을 나온 뒤에 무슨 일이 있어도 뒤를 돌아보아서
는 절대로 아니 되오."

　스님이 떠나고 나자 멍해진 며느리는 까닭 모를 불길한 느낌에 마음이 복잡해
졌단다.

　'비밀리에 느닷없이 집을 떠나라니, 그게 도대체 말이나 되는 소린가?'

　'그 스님이 나를 놀리려고 그런 말을 했나?'

　'큰일이란 게 과연 무엇일까? 분명히 좋은 일은 아닐 것 같은 예감인데 이를
어찌한담.'

늦가을의 뙤약볕이 한풀 꺾일 만큼 해가 기울어가자 알 수 없는 불안감에 며느리의 갈등은 커져만 갔대.

'추수가 막 끝났으니 갑자기 눈사태가 벌어질 리 없고, 장마철도 아니니 홍수로 임진강이 넘쳐날 리도 없잖아. 곳간마다 곡식이며 피륙이 그득한데 무슨 일이 닥치랴?'
'에그머니, 혹시 강도나 도둑이 든다는 것일까?'

며느리는 이리저리 고민을 거듭한 끝에, 만약에 집에 무슨 일이 생긴다면 아기를 가장 먼저 보호해야만 한다는 생각이 들었다지.
마침내 며느리는 갓난아기를 안고 누구도 몰래 집을 빠져나가기로 했단다.

　해거름이라 마을길에는 인적이 드물었어. 그래도 행여나 누가 어딜 가냐고 물어볼세라 며느리는 이리저리 흘끔거리며 종종걸음으로 동구 밖까지 나아갔지. 다행히 마주치는 사람 없이 동네 우물을 지나쳐갈 때였단다.

　별안간 사납게 번개가 치더니 '우르르 쾅쾅' 천지를 뒤흔드는 무시무시한 소리가 들려오는 게 아니겠어?

　놀라서 우는 아기를 더욱 꼭 감싸안은 며느리는 고막이 찢어질 듯한 그 소리가 도대체 무슨 소린지 알아보려고 얼떨결에 뒤돌아서서 고개를 두리번거렸지 뭐야.

　그랬더니 세상에나, 먼지가 자욱한 가운데 어떤 집이 무너지는 게 보이지 않겠어! 눈을 비비고 찬찬히 다시 보니 그것은 다름 아닌 바로 자기네 집이었다는구나. 굉음의 정체는 땅 밑으로 거대한 집과 집터가 와르르 무너져 내리는 소리였던 것이야.

도저히 믿을 수 없는 광경을 보고서야 가슴이 철렁한 며느리는 뒤늦게 스님이 일러준 말을 떠올렸지만, 안타깝게도 며느리와 아기는 돌로 변해가서 움직일 수가 없게 되고 말았단다.

말 그대로 돌이 돼버린 것이지.

그 일이 있고 나서 시간이 얼마나 흘렀을까.

흔적도 없어진 부자(富者)의 집터에는 매우 커다란 연못이 생겨났고, 돌로 변한 모자(母子)는 그 연못 근처에 서 있게 됐다지.

　　사람들 사이에서 이 이야기가 오랫동안 전해 오다가, 세월이 흐르고 또 흐르고 또 흐르자 돌이 된 모자도 언제인지 모르게 사라져 버렸는데, 아무도 그 행방을 아는 사람이 없다는구나.

　　장좌리에는 현재 그 연못만이 그대로 남아 있는데, 사람들은 그곳을 장자(부자)가 살았던 집터라 '장자못'이라 하고 동네 이름은 '장좌리'라고 불렀어.
　　한국전쟁(6.25전쟁)이 끝나고 나서 군부대가 들어서는 바람에 지금은 장좌리도 없어진 마을이란다.

장좌리 장자못 정경. 지금 이곳은 미군의 훈련장으로 쓰여서 일반 사람들은 들어가지 못한다.

김응정(金應鼎) 약력

본명은 김미순(金美順), 호는 해암(懈菴).

구성작가 겸 편집인.

〈감악산마을학교〉의 '문예살롱' 운영자.

파주 삼광중·고등학교 사서.

〈저서〉

『비법 한자 능력 검정 시험 5급, 준5급, 6급, 준6급』, 『8도 전래동화 1, 2』,

『(누구나 쉽게 익히는)고사성어 한자성어』,

『(반드시 알아야 할)고사성어 한자성어』

〈공저〉

해설서『한국 현대 단편 44(일제강점기) 상, 하』,

'감악산마을꿈의학교' 활동집『적성면의 풍광』, 동인지『함께 부르는 노래』등

〈번역서〉

『12 여신의 사랑과 열정』, 『제스와 돼지꽁지머리 해적』

〈시화집〉

그림책『백석 동화시』(11편 수록)

〈편저서〉

2012 여름방학 독서교실 창작집『아주 특별한 책』(파주시청 응모, 선정)

2013 '삼광글샘' 적성면 설화집『적성 따라, 옛이야기 따라』

(파주시청 응모, 선정, 2014년 증보)

2013 '삼광글샘' 창작집『아주 특별한 책 2』(파주시청 응모, 선정)

2014 '삼광글샘' 적성면 탐방기『적성팔경』(2016년 증보)

2015 '삼광글샘' 리플렛『감악산둘레길』(파주시청의 '감악산둘레길' Naming 수주)

2015 '삼광글샘' 창의적 독서활동집『아주 특별한 책 3』

2016 '삼광글샘' 감악산 둘레길 이야기『길』(파주시청 수주)

2016 '삼광글샘' 적성면 기행수필집『적성애 살어리랏다』(파주시청 응모, 선정)

2017 '삼광글샘' 창의적 독서활동집『아주 특별한 책 4』(경기문화재단 응모, 선정)

2018 '감악산마을꿈의학교' 활동집『적성면의 풍광』(경기도교육청 응모, 선정)

2019 '감악산마을학교' 동인지『함께 부르는 노래』

2022 '감악산마을학교' 문예살롱 활동집『적성 예찬』(경기문화재단 응모, 선정)